BEI GRIN MACHT SICH IHR WISSEN BEZAHLT

- Wir veröffentlichen Ihre Hausarbeit, Bachelor- und Masterarbeit

- Ihr eigenes eBook und Buch - weltweit in allen wichtigen Shops

- Verdienen Sie an jedem Verkauf

Jetzt bei www.GRIN.com hochladen und kostenlos publizieren

Bibliografische Information der Deutschen Nationalbibliothek:

Die Deutsche Bibliothek verzeichnet diese Publikation in der Deutschen Nationalbibliografie; detaillierte bibliografische Daten sind im Internet über http://dnb.dnb.de/ abrufbar.

Dieses Werk sowie alle darin enthaltenen einzelnen Beiträge und Abbildungen sind urheberrechtlich geschützt. Jede Verwertung, die nicht ausdrücklich vom Urheberrechtsschutz zugelassen ist, bedarf der vorherigen Zustimmung des Verlages. Das gilt insbesondere für Vervielfältigungen, Bearbeitungen, Übersetzungen, Mikroverfilmungen, Auswertungen durch Datenbanken und für die Einspeicherung und Verarbeitung in elektronische Systeme. Alle Rechte, auch die des auszugsweisen Nachdrucks, der fotomechanischen Wiedergabe (einschließlich Mikrokopie) sowie der Auswertung durch Datenbanken oder ähnliche Einrichtungen, vorbehalten.

Impressum:

Copyright © 2016 GRIN Verlag, Open Publishing GmbH
Druck und Bindung: Books on Demand GmbH, Norderstedt Germany
ISBN: 9783668528079

Dieses Buch bei GRIN:

http://www.grin.com/de/e-book/375857/die-hermeneutik-gerhard-maiers-biografie-zeitgeschichtlicher-kontext

David Rümmler

Die Hermeneutik Gerhard Maiers. Biografie, zeitgeschichtlicher Kontext und hermeneutische Hauptaussagen

GRIN Verlag

GRIN - Your knowledge has value

Der GRIN Verlag publiziert seit 1998 wissenschaftliche Arbeiten von Studenten, Hochschullehrern und anderen Akademikern als eBook und gedrucktes Buch. Die Verlagswebsite www.grin.com ist die ideale Plattform zur Veröffentlichung von Hausarbeiten, Abschlussarbeiten, wissenschaftlichen Aufsätzen, Dissertationen und Fachbüchern.

Besuchen Sie uns im Internet:

http://www.grin.com/

http://www.facebook.com/grincom

http://www.twitter.com/grin_com

Kurzreferat

Gerhard Maier

Inhaltsverzeichnis

Inhaltsverzeichnis 2
1. Biografischer Bezug 3
2. Zeitgeschichtlicher Kontext 3
3. Hermeneutische Hauptaussagen 4
   3.1 Notwendigkeit einer neuen hermeneutischen Methode 4
   3.2 Drei Voraussetzungen der biblisch-historischen Methode 5
   3.3 Die Frage der Inspiration 7
   3.4 Heiliger Geist und Schriftauslegung 7
   3.5 Praktische Ansätze der biblisch-historischen Auslegung 8
4. Reflexion 11
5. Thesenpapier 12
6. Quellenverzeichnis 13
   6.1 Literaturverzeichnis 13
   6.2. Internet 13

1. Biografischer Bezug

Gerhard Maier ist am 30. August 1937 in Ulm geboren. Er ist ein deutscher evangelischer Theologe und Jurist. Er studierte erst Rechtswissenschaft und danach evangelische Theologie. 1969 promovierte er im Fach Neues Testament mit seiner Dissertation zum Thema „*Mensch und freier Wille.*" Sein Vikariat und erstes Pfarramt verbrachte er von 1968 bis 1973 in Baiersbronn im Schwarzwald. Anschließend wurde er Studienleiter am Albrecht-Bengel-Haus in Tübingen und war von 1980 bis 1995 dessen Rektor. Von 2001 bis 2005 war er Landesbischof der Evangelischen Landeskirche in Württemberg. Er war (bzw. ist) Mitglied des Altpietistischen Gemeinschaftsverbandes, Vorstandsmitglied im Evangelischen Presseverband für Württemberg und im Arbeitskreis für evangelikale Theologie (AfeT) sowie Kuratoriumsmitglied des evangelikalen Vereins ProChrist und Mitglied des Hochschulrates der internationalen Hochschule Liebenzell. Dass ein Mann mit so eindeutig pietistisch-evangelikaler Ausrichtung Landesbischof wurde, sorgte für große Aufregung innerhalb der theologischen Welt. Seine wichtigsten Werke sind: „Das Ende der historisch-kritischen Methode" (1974), einige exegetische Bände in der Reihe „Historisch-Theologische Auslegung", das *Lexikon zur Bibel*, mit Fritz Rienecker und das hier zitierte Werk „Biblische Hermeneutik".[1]

2. Zeitgeschichtlicher Kontext

Zeitgeschichtlich lässt sich Gerhard Maier in die kirchliche Epoche der Neuzeit, bzw. die Moderne bis Postmoderne einordnen. Maier bekannte sich in einer immer stärker eintretenden Säkularisierung und Liberalisierung zu konservativen Werten. So ist auch seine Mitgliedschaft in pietistischen und evangelikalen Kreisen zu bewerten. Besonders geprägt und zu seinem eigenen hermeneutischen Ansatz motiviert, wurde Maier durch die vorherrschende historisch-kritische Arbeitsweise der Universitätstheologie. Darum hat er sich auch nach seinem Studium in Tübingen für das Albrecht-Bengel Haus stark gemacht, dessen Rektor er später wurde. Dort wird über 100 Studierenden eine Studienbegleitung ermöglicht. Das Ziel des Hauses, ist den Studierenden eine Gemeinschaft und Begleitung zu gewährleisten, die eine bibeltreue Theologie als Alternative zum historisch-kritischen Ansatz vertritt. Die Studenten sollen in ihrem persönlichen geistlichen Leben gefestigt und für den späteren Gemeindedienst vorbereitet und ausgerüstet werden.[2] Auch in seiner Zeit im Gemeindedienst, merkte Maier welche theologische Unsicherheit vorherrscht, weil durch die Sachkritik an der Bibel kein klares Bekenntnis mehr

---

[1] Gerhard Maier, in: Wikipedia. Die freie Enzyklopädie. Verfügbar über: https://de.wikipedia.org/wiki/Gerhard_Maier, Datum des Zugriffs: 02.04.16

[2] Albrecht Bengel Haus, in: Wikipedia. Die freie Enzyklopädie. Verfügbar über: https://de.wikipedia.org/wiki/Albrecht-Bengel-Haus, Datum des Zugriffs: 04.04.16

vorhanden ist. Gerhard Maier schreibt, dass die historisch-kritische Methode und die damit verbundene grundsätzliche Sachkritik an der Bibel, Gemeinden seit 200 Jahren unerträglich belasten. Weiter sieht er darin den Grund für ein schlechtes Zeugnis nach Außen, weil sie jungen Theologen an den Universitäten das Genick bricht. Er bezeichnet sie als eine schleichende Krankheit, die nach dem Segen der Reformation, nun als Fluch von Deutschland ausgeht und die Kirche immer mehr einnimmt. So sieht er es als ehrenhafte Aufgabe, zur Überwindung dieser Krankheit, durch seinen hermeneutischen Ansatz beizutragen.[3] Neben diesem Einfluss durch die Kritik an der historisch-kritischen Methode bemerkt Maier weiter, dass seit dem Beginn der Pfingstbewegung und auch durch Bewegungen wie „New Age" wieder eine große Offenheit für das Übernatürliche besteht. Deshalb nimmt Maier in seinem Hermeneutischen Ansatz neben dem historisch-rationalen Arbeiten, auch den Einfluss des Heiligen Geistes bei der Inspiration und Auslegung wieder stärker mit auf. Daneben ist er aber auch durch die philosophische Strömung des Historismus geprägt. Diese war im 20. Jhd. der vorherrschende Ansatz für historische Forschung und versuchte eine geschichtliche Erklärung ohne philosophische und metaphysische Argumente zu liefern. Diese scheinbaren Gegensätze versucht Maier in seiner Methode beide zu berücksichtigen. So strebt er nach einem historischen Zugang zur Bibel der fragt: „was ist wirklich geschehen", ohne vorschnell Gott als Todschlagargument zu gebrauchen. Dennoch spielt Gott in der Geschichte und der Heilige Geist bei der Inspiration und Auslegung eine zentrale Rolle.

3. Hermeneutische Hauptaussagen

3.1 Notwendigkeit einer neuen hermeneutischen Methode

Die historisch-kritische Methode ist aus folgenden Gründen gescheitert[4]:

- Es kommt bei der Suche nach dem „echten" Kanon im Kanon zu einer sehr subjektiven Auswahl der Teile der Bibel die göttliche Autorität haben sollen.
- Die Bibel ist sowohl Gottes- als auch Menschenwort, dies lässt eine Aufteilung in ewige Wahrheit und ausschaltbare zeitgeschichtliche Aussagen nicht zu
- Historisch-kritische Arbeit benötigt für ihre Sachkritik einen Standpunkt außerhalb der Bibel und bringt ihre Ergebnisse daher schon mit.
- Es hat sich gezeigt, dass sie für den Gemeindedienst und die Mission, die ein klares Zeugnis der Schrift braucht, oft versagt.

---

[3] Vgl. J. Cochlovius und P. Zimmerling (Hg.), Evangelische Schriftauslegung, Ein Quellen und Arbeitsbuch für Studium und Gemeinde, Wuppertal 1987, 305.
[4] Vgl. J. Cochlovius, a.a.O., 305.

Andere Ansätze die gescheitert sind:

- Bultmann, Dilthey und Schleiermacher sind einige Beispiele für Hermeneuten, die ein wissenschaftliches Verstehen der Bibel anstreben[5]
- Selbst diesen wird von nichttheologischen Hermeneuten vorgeworfen, dass sie die Objektivität verloren hätten und ihre Hermeneutik von vornherein bestimmt sei.[6]
- Oepke sieht das Problem darin, dass Menschenworte längst vergangener Zeit heute nicht als Gotteswort verstanden werden darf.[7]
- Es wird also klar, dass es sich bei der Bibel um einen einmaligen Fall handelt. Hierein spielt die Frage der Inspiration, welche die Herangehensweise des Auslegers maßgeblich bestimmen wird.
- Als wissenschaftlich gilt, dass der zu untersuchende Gegenstand die Methode bestimmt[8]. Würde man dieser Logik folgen, muss man die Bibel ihrem Selbstanspruch nach als die einzige Quelle von Gottes Wort betrachten
- Somit ist die biblische Aussage auch nicht vergleichbar, rational bewertbar oder immer logisch zu erfassen. Es handelt sich um eine sehr spezielle Situation, die für ihre Auslegung den Heiligen Geist fordert[9]. So braucht es auch eine spezielle biblische Hermeneutik.
- Es darf allerdings auch keine „schwärmerische Methode" entstehen, die dem Wirken des heiligen Geistes und der daraus gewonnenen Erkenntnis allein Raum gibt. Denn unter solchen Umständen entsteht eine sehr große Subjektivität. Diese Gefahr besteht z.B. bei der pneumatischen Exegese nach Hellmuth Frey[10].

→ Es braucht also eine neue Methode, die bemüht ist **wissenschaftlich** und **historisch** so genau wie möglich zu arbeiten, aber nicht mit einer grundsätzlichen Sachkritik an die Bibel herangeht, sondern mit einer **biblischen Hermeneutik**. Mit diesen Voraussetzungen entwickelte Gerhard Maier seine biblisch-historische Methode.

3.2 Drei Voraussetzungen der biblisch-historischen Methode

Wissenschaftliche Methode[11]

- Ist nötig zum gegenseitigen Verständnis und um ernst genommen zu werden.

---

[5] Vgl. G. Maier, Biblische Hermeneutik, Wuppertal; Zürich 1990, 8.
[6] Vgl. Ebd, 10.
[7] Vgl. Ebd, 11.
[8] Vgl. Ebd, 12.
[9] Vgl. Ebd, 15.
[10] Vgl. Evangelium und Wissenschaft, 8/82, 11.
[11] Vgl. Evangelium und Wissenschaft, a.a.O., 14.

- Gott selbst darf nicht vorschnell als Partei für Auslegungsergebnisse in Anspruch genommen werden.
- Geistgeleitete Auslegung und Methode bilden keinen Gegensatz.
- Die Methode darf aber im Gehorsam auf Gott nur vorläufig und korrigierbar sein!
- Ohne Methode kommt es zu einer Beliebigkeit der Ergebnisse.[12]
- Eine wissenschaftliche Methode ist weiterhin nötig um Ergebnisse für die Apologetik, Mission etc. greifbar zu machen.

Historischer Zugang[13]

- Hier haben Historismus und Aufklärung der Theologie einen Dienst erwiesen, indem sie beharrlich und präzise zurückfragten nach dem, was wirklich war.
- Der historische Zugang ist nötig, weil die Bibel ein historisches Dokument ist.
- Historische Erkenntnisse können das Verstehen erweitern oder korrigieren.
- Doch historische Methoden wurden überstrapaziert und so kam es zur Trennung von persönlicher Frömmigkeit und dem kritischen Denken.
- Darf nur ein Zugang zur Schrift sein und nicht der einzige Heilsbringende.
- Im Rahmen einer biblischen Hermeneutik muss allerdings auch der Geschichtsbegriff verändert werden. Die Größe „Gott" und sein Wirken müssen eine Rolle spielen dürfen. Die Kriterien Wahrscheinlichkeitsbestimmung und Analogie dürfen unter diesen Umständen nicht mehr entscheidend sein. Gott ist vielmehr grundlegend für die historische Betrachtung.[14]

Biblische Hermeneutik[15]

- Die Bibel sprengt den Rahmen der normalen Hermeneutik, weil sie ihrem eigenen Anspruch nach schriftgewordene Offenbarung Gottes ist und keine „normale" Literatur
- Diese Selbstaussage bleibt zwar eine Hypothese. Doch um der Sache Gerecht zu werden müsste man der Bibel diesen Vertrauensvorschuss entgegenbringen.
- Die Inspiration der biblischen Schriften wird innerhalb der Bibel bezeugt. So bezeugt das NT das AT (z.B. Mt 1,1 bezeugt Gen 22,18 und 2.Sam 7,12) und die neutestamentlichen Schriften sich meist selbst (z.B. Gal 1,11).
- Die Bibel muss als Ganzes gesehen werden um heilsgeschichtliche Zusammenhänge und andere Aussagen im Kontext zu erschließen. Außerdem geht die Urheberschaft der Texte

---

[12] Vgl. J. Cochlovius, a.a.O., 306.
[13] Vgl. Evangelium und Wissenschaft, a.a.O., 15.
[14] Vgl. J. Cochlovius, a.a.O., 311.
[15] Vgl. Evangelium und Wissenschaft, a.a.O., 16-17.

trotz verschiedener Autoren auf Gott zurück. Auch diese Voraussetzungen sind einmalig und erfordern eine spezielle biblische Hermeneutik.

- Der Ausleger selbst steht durch seine Verbindung mit dem Heiligen Geist in einem anderen Verhältnis zum Text, wie es in der normalen Hermeneutik möglich ist. Denn darin besteht eine direkte und persönliche Verbindung zum Urheber.[16]

3.3 Die Frage der Inspiration

Um ein historisches Handeln Gottes und einen Offenbarungscharakter der Bibel anzuerkennen ist die Prämisse der Inspiration von zentraler Bedeutung.

Gerhard Maier stellt fest, dass keiner der bisherigen Inspirationsbegriffe, weder Verbal- noch die Personal- oder die Realinspiration eine befriedigende Aussage lieferten. So schlägt er den Begriff der **Ganzinterpretation** vor.[17]

- Dieser Inspirationsbegriff vermeidet das Missverständnis, das Inspiration im Gegensatz zu historischer Forschung steht oder sie überall mechanisch zu verstehen ist
- Die Bibel zeugt in Hebr 1,1 selbst von einem Reden Gottes auf vielerlei Weise.
- Ganzinspiration öffnet den Blick für heilsgeschichtliche Zusammenhänge und den Bogen zwischen Prophetie und Erfüllung
- Gibt dennoch die Aussage der Verbalinspiration nicht auf, dass die ganze Schrift, als ein göttliches Geschenk angenommen sein will.
- Wenn die ganze Schrift inspiriert ist, bedeutet das, die Aufgabe in der Auslegung ihre Einheit zu suchen. So ist ein Kanon im Kanon unmöglich.[18]
- So ist auch keine Trennung zwischen geschehenem und bezeugtem Wort möglich. Diese Trennung hätte zur Folge weiter auch zwischen der Bibel und darin enthaltenem Wort Gottes zu trennen. Hier versucht die kritische Theologie wieder Geist und Geschichte zu trennen.[19]

3.4 Heiliger Geist und Schriftauslegung

Gerhard Maier geht mit der Annahme der Ganzinspiration allerdings noch einen weiteren Schritt. Er legt dabei den Fokus auf den Ausleger. Denn das pneumatozentrische Selbstverständnis der Bibel bedeutet seiner Meinung nach nicht nur, dass der Geist bei der Schriftentstehung gewirkt hat, sondern auch, dass er bei der Auslegung und an der Person des

---

[16] Vgl. J. Cochlovius, a.a.O., 306-308.
[17] Vgl. Ebd, 306.
[18] Vgl. Evangelium und Wissenschaft, a.a.O., 17.
[19] Vgl. J. Cochlovius, a.a.O., 308.

Auslegers wirken muss.[20] Dies entspricht auch dem Selbstzeugnis der Bibel. So will z.b. Paulus, geistliche Dinge für geistliche Menschen deuten (1. Kor 2,13). Auch wird der Heilige Geist als nötige Bedingung beschrieben, das Alte Testament zu verstehen (2. Kor 3,14ff)[21]. Weiter sieht Maier das rationale Erfassen mit dem Verstand durch den Sündenfall gestört.[22] So ergibt sich also die Konsequenz, dass ein Bibelausleger, der sich der Wiedergeburt durch den Heiligen Geist verweigert, in einen existentiellen Widerspruch zu der Botschaft gerät, die er auslegen will.

→ Persönlicher Glaube an Jesus Christus und die Abhängigkeit vom Heiligen Geist sind also keine Fehler, sondern eine Hilfe im Auslegungsprozess.[23]

Es liegt hier kein Konflikt zur Methode vor. Vielmehr bewahrt die Methode davor zu schwärmerische und subjektive Ergebnisse der Auslegung zu erlangen. Im Gegenzug dazu bewahrt das geistgeleitete Auslegen davor nur rationale, kognitive oder historische Ergebnisse zu erlangen. Beides bedingt sich also. So enthält das NT auch keine ausgearbeitete Methode wie Texte zu verstehen sind. Vielmehr müssen durch die Führung des Heiligen Geistes mehrere methodische Ansätze wie z.b. typologische- allegorische, heilsgeschichtliche… in Betracht gezogen werden.[24]

3.5 Praktische Ansätze der biblisch-historischen Auslegung

Für den „Ort" der biblisch historischen Auslegung setzt Maier die Einbettung in die Gemeinde und den persönlichen Glauben voraus. Nur so ist eine Korrektur durch Gott oder die Gemeinde erfahrbar und nur so kann die Auslegung auch fruchtbar gemacht werden. Der Rahmen der Gemeinde und der persönlichen Lebensgeschichte bestimmen also das Ergebnis der Auslegung mit. Doch dies ist nicht negativ zu betrachten, sondern kann der Sache dienen, sodass je nach Gemeindesituation andere Schwerpunkte aus der Auslegung entstehen können.

→ Der Ausleger ist sich seiner Abhängigkeit vom Heiligen Geist bei der Auslegung bewusst und bindet Gebet und das Hören auf Gottes Stimme in seine Arbeit mit ein.
→ Der Ausleger erfährt durch Gespräch und Praxis in der Gemeinde Korrektur und kann die Früchte seiner Arbeit beobachten. So entstehen ein geeigneter Sprachgebrauch und das Annehmen der Herausforderung der Zeit in Bezug auf die Exegese.

---

[20] Vgl. Ebd, 312.
[21] Vgl. Ebd, 308.
[22] Vgl. G. Maier, a.a.O., 16.
[23] Vgl. J. Cochlovius, a.a.O., 309.
[24] Vgl. Ebd, 309-310.

Die eigentlichen Schritte der biblisch-historischen Auslegung unterscheiden sich nicht wesentlich von der traditionellen Auslegungsgeschichte und damit auch nur unwesentlich von der historisch-kritischen Methode. Ein Unterschied besteht allerdings bei den Prämissen und der Schwerpunktsetzung. Folgende Schritte sind für die biblisch-historischen Auslegungen wichtig:

I. **Die Suche nach dem möglichst ursprünglichsten Text**[25]

Es geht hierbei um die Entscheidung über Varianten, nicht um ein grundsätzliches Infrage stellen von Texten. Dieser Bereich bewegt sich größtenteils innerhalb der vernehmenden Vernunft.

II. **Die philologische Exegese**[26]

Sie erforscht Aufbau, grammatische und linguistische Strukturen, Wortbedeutung, Kontext, literarische Formen und hat zum Ziel zu einer angemessenen Übersetzung zu kommen. Entscheidungen des Auslegers nehmen an dieser Stelle schon zu, doch die Nähe sollte das Entscheidungsprinzip sein. D.h. Erklärungen vom AT bzw. Judentum her. Des Weiteren bietet die Formgeschichte wertvolle Hinweise. Sie darf aber nicht wie in der historisch-kritischen Methode überstrapaziert werden. Form und Geschichte eines Textes müssen getrennt betrachtet werden und dürfen sich nicht bedingen.

III. **Historische Exegese**[27]

Jetzt wird der Text zeitgeschichtlich, religionsgeschichtlich, entstehungsgeschichtlich und traditionsgeschichtlich beleuchtet. Wichtig ist hier die Herangehensweise des Auslegers. Er darf sich nicht in erster Linie als Historiker sehen, sondern als Theologe im Dienst der Gemeinde. Es geht nicht darum exakte Angaben über die Genese eines Textes zu liefern, sondern dem Verständnis zu dienen. Dies bedingt auch einen anderen Geschichtsbegriff in dem Gottes eingreifen realistisch ist. Hierin fällt auch die Inspiration des ganzen Kanons. Mit diesen Voraussetzungen ist das Suchen einer Analogie in der Menschheitsgeschichte zwecklos. Darum kommt die historisch-kritische Theologie hier schnell zum Ende. Der Exeget, der mit Gottes wirken rechnet, kann das supranaturale in Form von Wundern und Prophetie in seine Auslegung aufnehmen und muss es nicht historisch ablehnen. So kommt es zu einem Zuwachs an Verstehens- und Deutungsmöglichkeiten.

---

[25] Vgl. G. Maier, a.a.O., 340.
[26] Vgl. Ebd, 341-342.
[27] Vgl. Ebd, 342-347.

IV. **Synthetische Auslegung**

Jetzt bewegt sich die Auslegung vom Detail hin zum Ganzen. Dazu muss der Text ins Gespräch gebracht werden. Dies geschieht zuerst mit der übrigen Bibel. Dazu ist es nötig denselben göttlichen Autor hinter allen Texten zu sehen. Nur so kann man den fortschreitenden Charakter der Bibel verstehen und heilsgeschichtlich auslegen. Danach erfolgt das Gespräch mit bisherigen Auslegern. Denn der Heilige Geist hat auch andere Ausleger geleitet. So können die Patristik und die Dogmatik bei der Auslegung helfen und vor Auslegungsfehlern bewahren. Das Gespräch mit der Gemeinde und der Umwelt bewahrt vor einer rein kognitiven Auslegung. Sie sollte nicht Weltfremd werden, aber darf sich auch nicht zu stark vom Zeitgeist und den Erwartungen beeinflussen lassen. Der Ausleger muss also dem Text begegnen, sich selbst von ihm ansprechen und verändern lassen. Das Ziel ist den Skopus des Textes zu erkennen. An dieser Stelle wachsen noch einmal der Spielraum und der Unterschied zur historisch-kritischen Methode.

V. **Kommunikative Auslegung**

Ab hier wird komplett der Bereich der historisch-kritischen Methode verlassen. Denn diese endet mit dem Skopus. Doch genau darin liegt das Problem, dass Exegese ohne Transformation in die Praxis für die Gemeinde nicht fruchtbar wird. So viel exegetischer Ertrag bleibt in der klassischen Theologie vor der Skopus Barriere liegen. Auf der anderen Seit fehlt in der praktischen Theologie, die in die Verkündigung mündet, oft die gründliche Exegese. Darum will die biblisch-historische Auslegung auch diesen Schritt noch gehen. In diesen Schritt münden neue Überlegung wie die Höreranalyse, der Anlass der Verkündigung etc. Das Ziel der kommunikativen Auslegung ist eine Predigtskizze oder ähnliches. Wichtig ist, dass durch diesen Schritt die Offenbarung der Schrift vom Ausleger auf die Zuhörer weiter gehen kann. Bei diesem Schritt wird die Subjektivität des Auslegers noch größer. Denn er muss für die Predigt reduzieren, vereinfachen und transformieren. Dieses Einfachwerden bedeutet für den Ausleger einer Demütigung, denn er kann nicht seine volle Erkenntnis der Gemeinde präsentieren. Doch im Vertrauen auf die Führung durch den Heiligen Geist kann er versuchen den Ur-Sinn des Textes für die Gemeinde fruchtbar zu machen.

4. Reflexion

Gerhard Maier empfand seinen persönlichen Glauben, der vom Pietismus und der evangelikalen Bewegung her geprägt war, oft im Wiederspruch zu der an den Universitäten gelehrten Theologie. Dies hat er besonders in seiner Zeit am Albrecht-Bengel Haus, in der er jungen Theologen helfen wollte ihren persönlichen Glauben mit der Ausrichtung auf die Mission oder Gemeindearbeit nicht durch die Universitätstheologie zu verlieren. In der Praxis fand er allerdings oft ein anderes Bild vor. Junge Theologen die im Zuge der historisch- kritischen Methode nicht nur die Autorität und den Wahrheitsgehalt der Bibel, sondern ihren ganzen Glauben in Frage stellten. Diese fehlgeleitete Hermeneutik mit ihren Folgen hat Maier dazu bewegt, ein eigenes hermeneutisches Prinzip aufzustellen, er nennt es die biblisch-historische Auslegung. Dabei entlarvt er zuerst die fehlerhaften Ansätze der historisch-kritischen Methode, die dem Anspruch der Bibel nicht gerecht wird. Dennoch ist es ihm wichtig eine wissenschaftlich und historisch tragbare Methode zu konstruieren, die auch vor schwärmerischen und extrem subjektiven Auslegungen bewahrt. Der entscheidende Unterschied zur historisch-kritischen Methode bleibt aber dennoch eine andere Prämisse, der Glauben an einen Gott der in die Geschichte eingreift, der supranaturales ermöglicht, der die ganze Schrift inspiriert hat. Dies wird der Selbstaussage der Bibel zwar am besten gerecht, bleibt aber dennoch eine Hypothese. Der persönliche Glaube des Auslegers und seine Verbindung zum Heiligen Geist spielen deshalb eine große Rolle bei Maiers Ansatz und sind nahezu eine Bedingung um seinen Auslegungsansatz anwenden zu können. Er versucht mit seinem hermeneutischen Ansatz eine Lösung zu finden, die bewährte Methoden des wissenschaftlichen Bibelauslegens mit dem Wirken des Heiligen Geistes beim Ausleger verbinden. Geist und Methode sollen sich ergänzen um in keine der beiden Richtungen ein Übergewicht zu bekommen. Auch die Einheit der Schrift und der damit verbundenen Vertrauensvorschuss auf die Ganzinspiration schließen sich nicht mit einer historischen Arbeit aus. Maier setzt den Fokus ganz neu auf das Ergebnis. Das soll dem Selbstanspruch der Schrift gerecht werden und der Gemeinde dienen. So ist der Ausleger nach Maiers Methode nicht nur als historisch arbeitender Theologe gefragt, sondern als Gemeindemitglied und vor allem als Christ. Durch die große Bedeutung des persönlichen Glaubens, des Wirkens des Heiligen Geistes und die Prämisse der Einheit und Ganzinspiration der Bibel, dürfte diese Methode von vielen Theologen dennoch als zu Vorbestimmt und zu wenig Wissenschaftlich abgelehnt werden. Doch wenn das Ergebnis der Auslegung nicht einer wissenschaftlichen Prüfung, sondern dem geistlichen Wachstum der Gemeinde dienen soll, ist die Methode sehr wertvoll und gut anwendbar.

5. Thesenpapier

I. Die Führung des heiligen Geistes und die Methode sind für eine korrekte Auslegung notwendig.
➔ Kann nicht auch ein Atheist einen Bibeltext richtig Auslegen?
➔ Ist durch die Führung des Heiligen Geistes eine Methode bei der Auslegung nicht überflüssig?

II. Die Bibel ist schriftgewordene Offenbarung Gottes. Sie darf deshalb nicht wie jedes andere Buch verstanden werden. Sie erfordert eine eigene Hermeneutik.
➔ Entzieht man sich mit dieser Sonderstellung nicht jeder Wissenschaftlichkeit, wenn es nicht verglichen werden darf?

III. Die Prämissen des Wirken Gottes in der Geschichte und bei der Inspiration der Bibel sind grundlegend für diese Methode.
➔ Schaffen diese Prämissen nicht ein voreingenommen sein, welches die Objektivität bei der Herangehensweise an die Bibel einschränkt?

IV. Das Ziel der Auslegung ist es der Gemeinde zu dienen. Darum ist der Ausleger in seiner Beziehung zu Gott und zur Gemeinde gefordert.
➔ Worin liegen hier Stärken aber auch Gefahren?
➔ Besteht darin nicht die Gefahr, auszulegen was die Gemeinde hören will?

6. Quellenverzeichnis

6.1 Literaturverzeichnis

Cochlovius, J. und Zimmerling, P. (Hg.): Evangelische Schriftauslegung. Ein Quellen- und Arbeitsbuch für Studium und Gemeinde. Wuppertal: Brockhaus, 1987.

Evangelium und Wissenschaft. Heft 8/1982.

Maier, G.: Biblische Hermeneutik, Wuppertal; Zürich: Brockhaus, 1990.

6.2. Internet

Wikipedia. Die freie Enzyklopädie. Verfügbar über: https://de.wikipedia.org/ Datum des Zugriffs: 02.04.16

BEI GRIN MACHT SICH IHR WISSEN BEZAHLT

- Wir veröffentlichen Ihre Hausarbeit, Bachelor- und Masterarbeit

- Ihr eigenes eBook und Buch - weltweit in allen wichtigen Shops

- Verdienen Sie an jedem Verkauf

Jetzt bei www.GRIN.com hochladen und kostenlos publizieren